AF138999

Marion Jana Goeritz

SeelenWorte

Bibliografische Information der Deutschen Nationalbibliothek:

Die Deutsche Nationalbibliothek verzeichnet diese Publikation in der Deutschen Nationalbibliografie; detaillierte bibliografische Daten sind im Internet über http://dnb.dnb.de abrufbar.

Coverbild: Marion Jana Goeritz

Herstellung und Verlag: BoD – Books on Demand, Norderstedt

ISBN: 978-3-7392-0455-0

Herzlich Willkommen liebe Leser,

„SeelenWorte" sie kommen und ge-
hen, wie eine Meereswelle, die zum
Ufer tanzt. Einmal sacht und
dann wieder kraftvoll in ihrer Be-
wegung.

Es gab Zeiten in denen ich still
auf das Meer blickte und mich ver-
loren fühlte und es gab eine Zeit
in der ich mich und meine Worte
wiederfand.

Alles hat seine Zeit.

Marion Jana Goeritz

Deine Sonnenstrahlen
durchdringen
das Grau meines Himmels
einfach nur
weil du dein Himmelblau
in meine Seele malst

Am Ufer meines Herzens
Sehnsucht gestrandet
vielleicht
wird sie gefunden
und gestillt

Ruhe ich in mir
male ich bunt
Ruhst du in dir
male ich schwarz weiß

Blind hinein in die Liebe
eine schwere Melodie erklang
ich erhörte sie viel zu spät
und tanzte allein
doch nur bis zum Morgen

Ein bisschen selbstverliebt
Hochstimmung
Kraft

Der eine Mensch
du
Liebe

Wortlos
sagt so viel

Die Wärme meines Herzens
die Liebe deiner Seele
rettet unser beider Leben

Lass unsere Herzen
für immer sprechen

Sich verlieren
in guten Gedanken
in schönen Gefühlen
ein Augenblick der Ewigkeit

Schritte
langsam
und vorsichtig
auf unserem Weg
doch warum
es ist doch Liebe
ich glaube es nicht
so würden wir doch
schneller gehen

Dich nicht spüren
doch Gefühle fühlen
führt in die Irre
ins Nirgendwo
doch ich möchte ein Ziel

Mehr vom Tag
von den schönen Stunden
mehr von dem
was uns glücklich fühlen lässt
das wünsch ich mir für uns

Dein nicht verstehen
lies mich verloren gehen
doch ich fand mich wieder

Neue gute Gedanken
setzen sich fest
richten sich in mir ein

Was ich an ihm mochte
ich dachte es wäre so viel
es wäre alles
doch lies er mich fühlen
er mochte an mir so gar nichts
es schmerzte
doch ich lebe noch
und heute
mag ich mich

Fühlende Leere
ertrinkt in Einsamkeit

Weiß nicht wo du bist
ein grüner Strom
fließt durch dein Leben
ich hoffe so sehr
du schwimmst mit ihm

Heiße Tränen
kullern über errötete Haut
Augenlider schwer
gesperrtes Gelände
mitten in meinem Herzen
wo bist du
steh auf
dreh dich um
GEH LOS

Die Narben meiner Seele
immer noch da
Erinnerungen tun weh
werden Erinnerungen
jemals
Erinnerungen sein
nach vorn schauen
mit offenem Blick
los lassen
alles gehen lassen
was so schmerzte
tief in der Seele
die Angst
vorm Alleinsein vergeht
Mut fühlt sich gut an
er spricht
geh und beginn von vorn

geh und lass dich nie wieder so
belügen
ich brach auf und ging

Reich verziert
mit edlen Steinen
rot und grün
und gelb und blau
liegt die Bake
unter Wasser
erzählt
von einem fernen Land
von ihrer weiten Reise
übers Meer
von Liebe und von Trauer
von ihrer Fahrt
ohne Wiederkehr

Im Nebel des frühen Morgen
ziehen alle Zweifel
von Dannen
es klärt auf

Liebeslied
ich träume von dir

Lichtvoller Glanz
bunte Kleider wehen
Engel singen Lieder
lieblicher Gesang
im Winde tanzen Träume
Perlenklang im Haar
Morgen ist dein Tag

Klippen umschiffen
Wellentanz
Gezeitenstrom
am Ufer flaches Land
endlich

silberne Gedankenringe
Träumerischer Blick
in weite Ferne
Seelenklänge
für unsere Seelen
es gibt kein zurück

Glücksbeet
Liebe gezupft

Hoffnungsvoller Glaube
tanzt durch die Sterne
Blaue Seen
Sehnsucht im Blick
doch mutlos
war es ein trügerischer Blick

Tränen der Liebe
im Fluss der Vergangenheit

Wenn Träume sterben
lass sie aufsteigen
mit dem Wind
sie sehen sich die Welt an
und vielleicht
kommen sie zurück
zu ihrer Zeit

Herz auf
sieht
fühlt
liebt

Zersplittertes Herz
Scherben bunt
liegen am Boden
es braucht Zeit und Vertrauen
um wieder heil zu werden

Um mit dem Herzen
zu sprechen
muss man es öffnen
Seelengesundheit

Im Leben tanzen
vor Ungeduld sprühen
mit Liebe leben
einfach
aber eben nur so

Wellentanz
auf dem Ozean der Gefühle
Seelen
schwingen im Dreivierteltakt
und wir

Weit in der Ferne
unbekanntes Land
fragst du dich
wer du bist

Ausgang gefunden
im Labyrinth der Gefühle

Falsche Freunde
wie können sie bleiben
wenn da nicht auch etwas
in dir wäre
das sie füttert

Regenbogenfarben
an der weißen Wand
Sonnenlicht
erhellt den Tag
frohe Gedanken
schöne Gefühle
führen dich in Liebe

Rauch steigt auf
Gedankenkreise
Gefühle ohne Ziel

Ein Lachen
es schenkt Kraft

Worte
brechen das Schweigen
nach langer Zeit
alle sind groß geworden

Helle Gesichter
Gespenster längst gegangen
Alles gut

Mich selbst vergessen
hab mich im Anderen gesucht
doch nicht gefunden
wie auch

Schau hin
Einsamkeit
Kummer
Verzweiflung
hast du es gesehen
hast du es wahr genommen
auf dem Weg zur Liebe

Heimatlos
pilgernd durch die Welt
dein Gefühl
lässt dich ankommen
in einem Ort
bei einem Menschen
bei dir selbst

Gespräche erzwungen
Wetter und so
es langweilt mich
dann doch lieber Stille
Schweigen
was ist daran bitte peinlich
wenn ich eben mal nichts zu
sagen habe

Wenn sie was von dir wollen
sind die meisten freundlich

Es gibt Menschen
du meinst
sie sind so
wie du und ich
doch dann hast du erkennen
müssen
sie waren anders
nur ihre Meinung galt
nur das
was sie taten
war richtig
nein
sie sind nicht
wie du und ich
wie soll unsere Welt besser wer-
den
wenn diese Menschen

bleiben wie sie sind
ohne Toleranz

Sind wir wirklich so
wie Gott
uns gedacht hat
und wenn ja
sollen wir
wirklich so bleiben
würden wir uns
da weiter entwickeln

Grenzenlos
sich ausprobieren
macht doch Spaß
Leben ist Bewegung

Traumland
noch nicht gefunden
ich muss noch mal schauen

Wellentanz Ozean
Wind Nord Nordwest
Regen
peitscht mir ins Gesicht
verschenkte Zeit
was ich gelernt habe
ich werde es verstehen
und dann
Sanfte Wellen Ozean
Wind Süd Südost
die Sonne
lacht mir ins Gesicht
und meine Seele
lacht zurück

Bahnhofsgebäude
Gleise
Schienen
nun weiß ich
wohin ich möchte
nur noch in dein Leben

Bewegende Gesichter
gelebte Haut
erzählen von Liebe
Mut und Leidenschaft
von Trauer und Wachsen
auch vom Neubeginn
vom Leben halt

Strandlinie
Grenzgang
ein Schritt entscheidet

Affenzirkus
nur
schau ich nicht mehr zu

Tiefes Sehnen
Herz
im Ausnahmezustand
tiefes Fühlen
Herz
in Liebe

Könnte ich wählen
zwischen Freiheit und dir
ich würde mich
für dich entscheiden

Fremder
du bist mir so nah
und doch
nicht bei mir
Fremder
du bist mir so vertraut
und doch
weiß ich nichts von dir

Brandwunden
unter meiner Haut
mit deinem Feuerherz
schleichst du dich
immer wieder
in meine Seele
doch bleibt sie still

Morgens
neben dir erwachen
am Tag
deine Nähe fühlen
dein Lächeln sehen
am Abend
in deinen Armen einschlafen
deine Haut ganz nah
einfach mit dir sein
für mich
gäbe es nichts Schöneres

Fühlst du meine Tränen
mein sterbendes Herz
es ruft deinen Namen
sehnt sich nach dir
nach deinem Gefühl
nach dem Heilsein

Wenn
Freundschaft zu wenig
doch
Liebe zu viel
was bleibt dann noch

Gewinnt
in der Liebe ein Wille
wer fühlt sich da glücklich
keiner wohl

Von Marion Jana Goeritz ebenfalls beim Verlag BoD erschienen (BoD Books on Demand, Norderstedt, nähere Informationen finden Sie unter www.BoD.de)

„Liebe für die Seele Band 1"
ISBN 978-3-7357-4045-8

„Liebe für die Seele Band 2"
ISBN 978-3-7357-7734-8

„Seelenweiß"
ISBN 978-3-7347-5769-3

„Seelen essen Liebe gern"
ISBN 978-3-7347-8706-5

„SeelenEngel" ein spiritueller Erfahrungsbericht
ISBN 978-3-7386-2588-2

„SeelenSchlüssel"

ISBH 978-3-7386-3844-8

„Seelenfarben"

ISBN 978-3-7386-3947-6

„Seelenschimmer"

ISBN 978-3-7386-4014-4

„Seelenfinden"

ISBN 978-3-7386-4037-3

„Ein Gefühl meiner Seele"

ISBN 978-3-7386-1506-7

„Seelenfrieden" Danken, Bitten, Entspannung
ein persönlicher Erfahrungsbericht

ISBN: 978-3-7386-4884-3

„Seelenweihnacht"

ISBN: 978-3-7386-5616-9

„Im Land unter dem Regenbogen" Wunderbare
Märchen und unglaubliche Geschichten

ISBN: 978-3-7392-0115-3

„Freddy und seine Geschichten"

ISBN: 978-3-7386-3321-4

Weitere Informationen zu Neuerscheinungen
finden Sie immer auf meiner Seite

www.buchkaleidoskop.Reikipraxis-Goeritz.de